AF224782

27
n
21833

NOTICE HISTORIQUE

SUR

SAINT FRONT,

Apôtre du Périgord,

ET SUR LA CATHÉDRALE DE PÉRIGUEUX;

Par M. l'abbé Audierne,

Membre de la Société française pour la conservation des monumens de la Dordogne, inspecteur des monumens historiques, correspondant du ministre de l'intérieur, membre de plusieurs sociétés savantes, etc , etc.

PÉRIGUEUX,

IMPRIMERIE DUPONT, RUE TAILLEFER.

—

1841.

A Messieurs les Membres

DE LA COMMISSION DES MONUMENS HISTORIQUES

DE FRANCE.

Messieurs,

Permettez-moi de vous offrir une Notice sur saint Front, premier apôtre du Périgord, et sur l'église cathédrale qui lui est dédiée. Je vous ai promis la description de nos principaux monumens; je me ferai un devoir de remplir mes engagemens. Ce travail me sera d'autant plus facile qu'il entre dans mes attributions. Obligé d'inspecter ces monumens, j'en fais une étude sérieuse, et les diverses notices que je publie successivement en sont le résultat. Heureux si je puis mériter vos éloges et justifier la haute confiance dont son excellence le ministre de l'intérieur a daigné m'honorer. Si j'atteins ce but, mes veilles, mes fatigues ne seront rien, et mes travaux trouveront leur récompense dans votre bienveillant accueil.

J'ai l'honneur d'être avec le plus profond respect,

MESSIEURS,

Votre très humble et très obéissant serviteur.

L'abbé AUDIERNE.

PÉRIGUEUX, le 1.er octobre 1841.

DESCRIPTION

DE

L'ÉGLISE CATHÉDRALE

De Périgueux.

On dit que Périgueux est une des villes les plus anciennes des Gaules. Cette assertion, imprimée, répétée chaque jour, s'accrédite, et passe aujourd'hui pour une vérité incontestable. Parmi les enthousiastes du merveilleux, les uns attribuent l'origine de cette ville à Japhet, qui en serait le fondateur. Ils croient en trouver la preuve dans une tradition populaire qui attache le nom du fils de Noé aux restes d'un pont jeté sur l'Ille à l'endroit même qui sépare le jardin de la Guinguette des murs de l'abattoir. Ils supposent que Japhet construisît ce pont, sans songer que ce saint personnage, infiniment éloigné de nos contrées, n'eût pas fait probablement un si long voyage pour une œuvre si peu importante. Les autres donnent pour auteur à la ville de Périgueux un certain *Petragorius*, qu'ils disent être le fils d'un *Tygerius*, roi d'Egypte. Ces derniers ont du moins le mérite de la modération ; car, d'après eux, Périgueux ne se serait élevé qu'après la ruine de Troye. Les hommes éclairés qu'une vaine exaltation ne domine point prétendent, au contraire, que cette ville est moderne, et que, semblable aux générations qui se succèdent, ses maisons et leurs maîtres ont été renouvelés bien souvent. Où est, en effet, l'antique Vésone des Celtes? Dans le vallon de Campniac, sur la rive gauche de l'Ille, entre les deux rampes des coteaux de la Boissière et d'Ecorne-Bœuf. (1) C'est dans ce lieu que la [placent les savans ; mais qu'on s'y transporte, on n'y verra plus rien, pas même une cabane. Eh ! qu'importent les fibules, les amulettes, les anneaux, les médailles, les armures de flèches ou de dards, les tessons et autres ustensiles qu'on y déterre ! Tous ces objets ne sont qu'autant de témoins qui attestent sa destruction. Cherchera-t-on la seconde Vésone dans cette plaine qu'arrose la rivière depuis Ecorne-Bœuf jusqu'aux pieds du coteau de Beaupuy ? Cette ville s'étendait en longueur, de l'orient à l'occident, depuis l'abattoir jusqu'au pont du Toulon, et occupait en largeur, du sud au septentrion, presque toute la plaine ; mais plus cette ville était grande, moins on l'aperçoit aujourd'hui. Qu'on nous montre avec assurance l'emplacement de la maison municipale, qu'on fasse sortir de terre quelques pavés, quelques fondations antiques, que prouve encore tout cela ?

---

(1) Au midi de Périgueux, sur la rive gauche de l'Ille, s'élèvent deux coteaux âpres, escarpés, séparés l'un de l'autre par le vallon de Campniac. Le coteau le plus oriental, vu de la ville, se présente à l'œil sous une forme trapézoïde, et s'appelle Ecorne-Bœuf. L'autre coteau, nommé Laboissière, suit, vers le couchant, les sinuosités de la rivière. Les Romains ont jadis campé sur la Boissière, et le lieu porte encore le nom de Camp-de-César.

Que Vésone n'est plus. La Cité, que les vainqueurs du monde honorèrent du titre d'auguste, a également disparu, et de son imposante grandeur à peine recueille-t-on quelques débris que nous nous efforçons vainement de conserver. Qu'est devenue la ville des Pétrocoriens, qui, dans le vii.ᵉ siècle, fut appelée pour la première fois Périgueux? (1) Elle n'existe plus.

Les habitans de la première Vésone, se trouvant trop resserrés dans le vallon de Campniac, passèrent la rivière pour se fixer dans la plaine. Ils abandonnèrent leur berceau : cet abandon causa la perte de leur ville. Les Romains, qui, par ambition, paraissaient peu satisfaits de leur empire, dont les limites s'étendaient cependant, d'orient en occident, depuis l'Océan atlantique jusqu'aux frontières de la Perse, et, du nord au sud, depuis le Caucase jusqu'aux extrémités de l'Egypte vers l'Ethiopie, vinrent soumettre la nouvelle Vésone et lui imposer des lois. Des hordes de barbares fondirent à leur tour sur l'empire romain, l'envahirent de toutes parts, et, comme un torrent dévastateur, renversèrent sur leur passage tous les monumens précieux. Les Sarrasins, conduits par Abdérame deux ou trois siècles plus tard, parurent à Périgueux pour en multiplier les ruines. Waiffre, voulant soutenir sa révolte contre Pepin-le-Bref, et ayant cette ville sous sa domination, en fit raser les murailles. Les Normands y exercèrent aussi leurs fureurs. Les Anglais, pour

(1) La ville de Périgueux quitta son antique nom de Vésone pour prendre celui de ses peuples vers le commencement du vii.ᵉ siècle. Sidoine-Apollinaire, évêque de Clermont, qui vivait sur la fin du v.ᶜ siècle, est le dernier qui se serve du mot *Vesunnici* pour désigner les habitans de Périgueux, et Grégoire de Tours, qui vivait cent ans plus tard, n'emploie que les mots *Petrocorium* pour Périgueux, et *Petrocorici* pour Périgourdins.

venger l'humiliation de n'avoir pas été reconnus comme maîtres par les Périgourdins, saccagèrent leur ville, et les guerres civiles finirent par la renverser et la détruire. Ainsi, plus de Vésone ; elle a été remplacée par cette fraction de Périgueux que nous appelons la Cité.

La ville actuelle est moderne. Elle doit son origine à un tombeau : c'est un mort qui lui donna la vie.

Le plateau qu'elle occupe n'était primitivement qu'un bois isolé où de pieux chrétiens déposèrent avec respect la dépouille mortelle du propagateur de leur foi. Ce lieu sacré devint un objet de vénération, de pélerinage, que la ferveur des fidèles voulut honorer d'une manière particulière : on y érigea une chapelle. La garde en fut confiée à quelques solitaires, dont le nombre s'accrut insensiblement. On y construisit ensuite un monastère, auprès duquel vinrent se grouper de nombreuses habitations. Les révolutions avec leurs vicissitudes, les guerres avec les malheurs qu'elles traînent à leur suite, multiplièrent ces habitations. Où chercher la paix, si l'asile des morts et le séjour de la vertu ne peuvent la procurer? Cependant le tombeau de l'apôtre du Périgord ne fut pas une barrière infranchissable. Pour se garantir contre les agressions des hommes, ceux qui souhaitaient la paix appelèrent presque la guerre. En élevant un mur d'enceinte, ils excitèrent la méfiance et provoquèrent des attaques. Il fallut organiser un pouvoir pour diriger la défense. De là l'établissement du Puy-Saint-Front luttant contre Périgueux, voulant traiter avec lui de puissance à puissance, lui disputant ses prérogatives, et finissant enfin par lui ravir ses droits, même son nom.

Aussi, qu'on ne cherche point dans ce Périgueux moderne des monumens celtiques ou romains; en vain le bouleverserait-on de fond en comble, tous les efforts deviendraient inutiles : il n'en sortirait pas une médaille gauloise. Quant aux monumens romains, on n'y découvrirait que de rares débris de l'ancienne chapelle consacrée à saint Front, et cachés aujourd'hui sous le monument que nous allons décrire. Avant, nous dirons un mot du saint dont ce monument porte le nom.

Saint Front vécut pauvre et retiré; ses actions furent peu connues des hommes, et il est probable que sa vie ne fut point écrite dans les premiers siècles qui suivirent son épiscopat, surtout n'étant pas mort martyr. Si les actes de sa vie eussent été recueillis, comment, en effet, Sulpice-Sévère, qui était d'Aquitaine; Grégoire de Tours, qui écrivait l'histoire, et Fortunat de Poitiers, qui faisait l'éloge de ses successeurs, les eussent-ils passés sous silence? Peut-être ces actes ont-ils péri au temps de l'arianisme ou dans les premières invasions des barbares; cette supposition n'a rien d'invraisemblable; mais elle n'est qu'une conjecture, et, à défaut d'actes, il faut nécessairement recourir à la tradition.

Saint Front, Périgourdin d'origine, était né à Lencais, près de Lalinde. (1) C'est là du moins ce que l'on croyait dès le commencement du règne de Charles-le-Chauve. Nous en trouvons la preuve dans le martyrologe de Raban-Maur, que Gausbert a suivi en composant ou rédigeant, vers l'an 986,

(1) Il n'y a qu'un seul lieu en Périgord auquel soit attaché le nom de Lencais. On le trouve, à la vérité, écrit de diverses manières, soit en latin, soit en français, et même dans le patois. Tantôt il est écrit de *Linicassio* ou *Lincassio;* d'autrefois, de *Linicasio* ou *Lincasio.* Raban-Maur, qui vivait avant le milieu du ix.ᵉ siècle, l'écrit de *Linicasio.* En français et en patois on trouve indifféremment *Lincaysh, Lencays, Linquays, Lenquais* et *Lencais.* On ne peut donc pas se méprendre sur le lieu de la naissance de saint Front, lorsque surtout Raban-Maur a soin de préciser la province : *terminibus urbis Petracoricæ.*

une vie de saint Front. (1) Ce ne fut qu'après le concile de Limoges, tenu en 1031 (2), qu'on jugea à propos de faire de saint Front un personnage asiatique en changeant Lencais de *Lini-cassio* en Lycaonie, et en le supposant, par conséquent, originaire de cette province. On trouve dans les ouvrages du père Sirmond une note curieuse au bas d'une lettre de Sidoine-Apollinaire, à Aper, où il est fait mention d'un Fronto. Notre évêque appartenait-il à cette famille? Sortait-il de celle du célèbre orateur Marcus-Cornelius-Fronto, précepteur de l'empereur Marc-Aurèle?

C'est ce que nous nous permettrons d'examiner. Nous con-

_____

(1) Gausbert, écrivain mercenaire et livré au mauvais goût de son siècle, vivait vers l'an 970. Bosquet lui donne le titre de chorévêque d'Angoulême; mais Gérauld, abbé de Solignac, qui put le connaître personnellement, le fait chorévêque de Limoges. Son témoignage nous semble préférable. Gausbert écrivit les actes de saint Front à une époque où toutes les églises prétendaient remonter aux temps apostoliques. C'était une passion que les Périgourdins partagèrent. Ils voulurent aussi que leur apôtre ne fût pas moins ancien que saint Martial de Limoges, saint Ursin de Bourges, saint Georges du Puy : ils s'adressèrent à Gausbert qui leur fit un pieux roman. Mais il est à remarquer que cet écrivain, en faisant de saint Front un disciple de saint Pierre, ne dissimule point le lieu de la naissance de ce saint personnage, en disant que le chef des apôtres, après l'avoir ordonné évêque, le renvoya à Périgueux, *sa patrie*, et l'abbé de Solignac, opposé aux actes de la vie de saint Front, approuve cependant cette assertion tirée du martyrologe de Raban-Maur. Il nous importerait beaucoup de savoir dans quelle source Raban-Maur, cet écrivain le plus savant de son siècle, puisa ce fait qu'il affirme si positivement. L'aurait-il appris à Tours pendant qu'il y faisait ses études? Serait-il venu à Périgueux pour y consulter la tradition ou les légendes de la vie de saint Front? C'est ce que nous ignorons. Nous sommes convaincu seulement qu'il ne put l'insérer sans preuves dans son martyrologe, et qu'il ne copia ni Bède, ni Wandelbert, ni le fameux Alcuin, qui n'en parlent pas.

(2) Le concile fut tenu en 1031 et non pas en 1034, comme le dit le P. Dupuy.

venons que plusieurs Fronto se sont distingués dans la capitale du monde. On connaît les paroles remarquables du consul Fronto, qui, en plein sénat et en présence de l'empereur Nerva, osa s'écrier : « Qu'il était dangereux d'être « gouverné par un prince sous qui tout est défendu, et plus « dangereux encore de l'être par un prince sous qui tout « est permis. » Juvénal et Pline-le-Jeune parlent aussi d'un Catius-Fronto, célèbre avocat sous Trajan, et saint Jérôme, ainsi que Sidoine-Apollinaire, citent avec admiration le fameux rhéteur de ce nom ; mais ces personnages distingués pouvaient sortir d'une famille gauloise, s'être fixés à Rome pour y jouir des avantages que devaient leur procurer une naissance illustre, de grands talens, et avoir conservé dans notre province de fréquentes relations. Cette conjecture nous paraît assez vraisemblable et favorise l'opinion des savans. Nous ne parlerons que du célèbre orateur Fronto, que nous croyons né à Lencais et parent de notre apôtre. Nous laissons à nos lecteurs le soin d'apprécier nos raisons.

Marcus-Cornelius-Fronto passait, parmi ses contemporains, pour le second maître de l'éloquence romaine après Cicéron, ou plutôt comme son égal, quoique dans un autre genre. *Romanæ eloquentiæ non secundum sed alterum decus.* Quelques historiens le font natif d'Auvergne, d'autres du Périgord, et quelques autres d'Aquitaine, indéterminément ; mais tous conviennent qu'on ne peut douter qu'il ne fût Gaulois de nation.

Il est certain que vers le commencement du v.ᵉ siècle, il y avait à Clermont en Auvergne une famille Fronto. Mais peut-on en conclure que notre orateur naquit dans cette ville ? Le Périgord, au contraire, possédait une famille Fronto avant même le milieu du iii.ᵉ siècle. Cette famille était celle du premier évêque de Périgueux, établie à Lencais. Raban-Maur, archevêque de Mayence, l'affirme, et sa haute position, son caractère religieux, sa profonde érudition, rendent son témoignage digne de foi. Sur la fin du x.e siècle, Gausbert répétait la même assertion, ce qui prouve qu'on croyait généralement alors que saint Front était né en Périgord et que sa famille était de Lencais. Il est naturel de penser que l'orateur qui vivait dans le ii.e siècle sortit de la plus ancienne des deux familles Fronto, connues dans les Gaules, et que, par conséquent, il dut naître aussi à Lencais. En admettant la parenté entre les deux Fronto, on comprend comment saint Front fut épargné dans la persécution qui fit périr ses quatre disciples. Les gouverneurs ne voulurent point le faire mourir par respect pour ses ancêtres (1).

Il est vraisemblable que l'apôtre du Périgord était petit-neveu du rhéteur Fronto, et qu'ils ne furent séparés l'un de l'autre que par un demi-siècle. Le rhéteur mourut, sans doute, dans la religion de ses pères ; mais ses enfans embrassèrent le christianisme ou épousèrent des femmes chrétiennes, puisque saint Front fut élevé dans la religion du Christ.

Au reste, saint Front n'est pas le seul qui, en Périgord, ait porté ce nom. Un de ses disciples s'appelait Frontasius, qui est un dérivé de Fronto. Grégoire de Tours fait mention d'un Frontonius, diacre de l'église de Périgueux sous l'évêque Carthérius, et nous retrouvons, en l'an 576, un

______

(1) La postérité du rhéteur Fronto fut très florissante : Aufidius-Victorinus, qui paraît avoir été son gendre ; Fronto, son petit-neveu, et frère peut-être de notre apôtre ; et Marcus-Aufidius-Fronto, son arrière-petit-fils, furent tous trois consuls. On conçoit d'après cela que saint Front n'ait été que confesseur et non martyr. La haute position de sa famille le préserva de la mort.

autre Frontonius originaire du Périgord et chanoine d'Angoulême. Nous sommes donc autorisé à croire que le célèbre Marcus-Cornelius-Fronto était aussi Périgourdin, issu de la famille de Lencais et aïeul de notre apôtre. Cette particularité, infiniment honorable pour notre pays, nous commande de consacrer ici un souvenir à la mémoire de cet illustre personnage. Un jour, peut-être, à l'exemple du sénat romain, lui décernera-t-on en Périgord une statue.

Fronto passa presque toute sa vie à Rome. C'était chez lui que se réunissaient les hommes de lettres, les orateurs et les poëtes les plus distingués. Aulu-Gelle, qui s'était fait son disciple, loue son érudition, sa politesse, et il assure que dans ses entretiens avec lui il apprenait toujours beaucoup. Sous Adrien, on regardait Fronto comme le plus célèbre avocat. Son mérite le fit choisir pour enseigner l'éloquence à Marc-Aurèle et à Lucius-Vérus, qui devinrent empereurs. Le premier de ces deux princes avoua qu'il avait appris de son précepteur à détester cet esprit malin, envieux, trompeur, dissimulé, que l'on voit avec horreur dans les tyrans, et à vaincre cette indifférence trop ordinaire aux grands personnages pour leurs propres enfans : aussi, par un sentiment de reconnaissance, il lui fit décerner par le sénat les honneurs d'une statue et le nomma consul. Fronto adressa des remercîmens à cet empereur dans une lettre dont Sosipáter nous a conservé quelques mots. Plusieurs années avant sa mort, il fut sujet à de grandes douleurs de pieds qui le retinrent souvent dans sa maison. Mais les plus doctes personnages qui allaient le visiter, en louant son profond savoir et son éloquence, ne pouvaient assez l'admirer dans ses conversations, malgré ses horribles souffrances. Les littérateurs les plus distingués ont eu, dans tous les temps, leurs partisans : Fronto eut des sectateurs qui se firent gloire de porter son nom. L'éloquence de Fronto était plus grave, moins fleurie que celle des orateurs qui l'avaient précédé, et Macrobe dit que son style était sec, sans figures et sans ornemens.

Il ne nous reste des nombreux écrits de Fronto que quelques fragmens épars dans divers auteurs. Dans son traité sur la propriété des mots, il indique la manière d'employer les mots propres pour ne pas les confondre avec les synonymes. Il marque, par exemple, la différence qu'il y a entre *ultio* et *vindicta*, *preda* et *rapina*, *cur quare*, *delictum* et *peccatum*. Une dispute, qu'il eut un jour avec un célèbre poète de ses amis touchant la propriété des mots, et dont Aulu-Gelle nous a conservé la relation, nous donne une idée du genre de Fronto : il était impossible de traiter ce sujet avec plus de délicatesse.

Cet orateur avait laissé plusieurs discours dont Sidoine-Apollinaire loue la gravité. Le plus estimé était celui qu'il fit contre Pelops. Au jugement des anciens, il s'était surpassé, comme Cicéron le fit pour *A. Eluentius*, et Pline-le-Jeune pour *Attia Viriola*. Les petits sujets font souvent briller davantage les habiles orateurs.

Quelques savans lui attribuent un discours très véhément et calomnieux contre les chrétiens, auxquels il fait les plus horribles reproches. Mais ils se trompent : l'auteur de cet écrit était un Fronto de Cirte, en Afrique, et célèbre au commencement du iii.e siècle.

Marcus-Cornélius-Fronto était un des aïeux du savant Léon de Narbonne. Cette particularité favorise l'opinion que ce rhéteur était né en Périgord, puisque la famille de Léon n'était pas étrangère à cette province et qu'un évêque de ce nom siégeait à Périgueux vers le iv.e siècle.

L'époque de la prédication de saint Front et de la conversion du Périgord nous est inconnue. Les épaisses ténèbres qui enveloppent les temps anciens nous la cachent, et les titres, les monumens qui auraient pu faciliter une heureuse découverte ont été détruits par la fureur des persécutions, l'invasion des Barbares et le fanatisme des guerres religieuses. Nos recherches sur ce point doivent donc se borner à des conjectures.

Suivant le père Dupuy, saint Front vivait dans le premier siècle et était un des disciples de saint Pierre. Nous voudrions que l'opinion de cet écrivain fût vraie, mais tout annonce qu'elle est sans fondement. Il l'emprunta, sans doute, de quelques panégyristes qui, croyant rendre saint Front plus vénérable, ne balancèrent point à le représenter comme envoyé directement par le premier vicaire du Christ. Une telle détermination était courageuse, il faut en convenir, mais elle ne saurait nous étonner. A cette époque, on ne connaissait point le doute, et les orateurs croyaient ne pouvoir mieux faire que de remonter à la source. Chaque phrase de leur éloge était accueillie avec confiance, et l'amour du pays en eut bientôt fait un trait historique. Probablement on ne se souvenait plus alors que cette opinion avait été combattue, repoussée dans le concile de Limoges que nous avons déjà cité. Suivant, au contraire, les meilleurs critiques, tels que Bollandus, Tillemont, de Launoy, de Cordes, D. Rivet et Baillet, ce saint n'aurait existé que vers le milieu ou la fin du III.e siècle. Au reste, nous n'avons pas à examiner lequel de ces deux sentimens est le plus probable : il faudrait entrer dans des détails qui trouveront leur place dans une dissertation que nous nous proposons de publier plus tard sur cet apôtre.

Personne ne dispute à saint Front d'avoir été le premier évêque de Périgueux; mais il est vraisemblable qu'il ne fut pas le premier à y prêcher la foi. (1) Il fut précédé chez les Vésoniens par des évêques régionaires, comme saint Clair et quelques autres. (2) Nous croyons même qu'il y avait quelques chrétiens dans le Périgord du temps de saint Pothin et de saint Yrénée, vers le II.ᵉ siècle, et que ce ne fut que lorsque leur nombre eut été augmenté au point de former un arrondissement, qu'on appelait alors paroisse, que saint Front devint leur évêque; et c'est sous ce rapport qu'on

(1) Tout nous fait croire que le christianisme était connu dans le Périgord lorsque saint Front en fut nommé évêque : 1.° les plus anciens actes de la vie de cet évêque nous apprennent qu'il naquit en Périgord et qu'il fut élevé dans la religion chrétienne; 2.° la légende et la tradition s'accordent à dire que saint Front bâtit deux églises à Périgueux, l'une dédiée à la Vierge et l'autre à saint Pierre, ce qui prouverait que de son temps le nombre des chrétiens y était déjà assez grand ; 3.° il est probable que le martyre de saint Pothin, ayant eu lieu à Lyon en 177 devant l'assemblée générale des soixante nations des Gaules, il s'y trouva quelques Périgourdins qui, touchés de la conduite admirable de ce martyr, en parlèrent à leurs compatriotes et leur firent ainsi connaître la religion chrétienne.

(2) Un évêque régionaire était un missionnaire sans siége épiscopal. Il marchait sur les traces des apôtres, et allait prêcher et faire les fonctions du saint ministère partout où l'esprit de Dieu et le besoin des peuples le conduisait.

Antonin-le-Pieux laissa jouir l'église d'une assez grande tranquillité, et la paix qui régnait dans l'empire donna aux fidèles la faculté de porter de tous côtés les lumières de la foi. L'étude des sciences et des arts mit les esprits en état de comparer la religion chrétienne avec les extravagances du paganisme, et de lui donner la préférence. D'ailleurs, les bonnes mœurs des chrétiens et le profond savoir de leurs pasteurs portèrent les gentils à reconnaître la vérité de l'évangile, dont ils ne pouvaient s'empêcher d'admirer la sainteté. Les premiers évêques qui vinrent dans les Gaules sortaient de l'Asie-Mineure, parlaient la langue grecque et se servaient du rit grec, qui se maintint jusqu'à l'arrivée des sept évêques envoyés par le pape Fabien, vers l'an 245, sous l'empire de Philippe I.ᵉʳ, empereur chrétien.

peut dire qu'il fut envoyé par le siége de saint Pierre. D'a-
près quelques écrivains, qui n'ont fait que se copier les uns
les autres, saint Front aurait prêché la foi dans plusieurs
provinces, avant de se fixer à Périgueux. Il aurait même
parcouru la France dans tous les sens, de l'est à l'ouest,
du midi au septentrion. Le Languedoc, la Provence, l'An-
goumois, la Saintonge, le Soissonnais, la Normandie, la
Picardie, etc, auraient été tour à tour le théâtre de ses
travaux apostoliques, sans compter le Périgord qu'il soumit aux croyances évangéliques. Pour preuve de leur assertion, ils invoquent le culte de saint Front comme ho-
noré dans ces diverses contrées et soutenu par la présence
des reliques de ce saint. S'il fallait s'en rapporter à ces écrivains, après saint Paul, l'apôtre des nations, saint Front serait l'apôtre des Gaules. Mais tout le monde sait qu'il a
existé plusieurs solitaires de ce nom, et probablement on
aura recueilli toutes les particularités de leur vie et leurs
reliques pour en faire hommage à notre apôtre. Le fait seul
que nous allons citer autorise cette conjecture. Dans le diocèse d'Auxerre, il existait une très ancienne église sous l'in-
vocation de saint Front : son architecture pouvait remonter
au XI.e siècle. Dans un manuscrit de deux cents ans ou environ d'ancienneté, on lisait ces mots : « En ce cayier est
« comprins la légende et office de chant de monsieur saint
« Front, dont les reliques de tout son digne corps sont
« cyens, hors la haute partie de son chef qui est en Pé-
« rigord, dont il fut premier évêque, envoyé de Rome par
« monsieur saint Pierre l'apôtre, premier pape de Rome,
« et avec ledit saint Front ung prêtre, son disciple, nom-
« mé Georges, lesquels cheminant l'espace de trois jours,
« Georges décéda et fut ensépulturé par ledit saint Front ;
« lequel dolent s'en retourne, etc. » Or, les Périgourdins

n'en disent pas davantage, ce qui suffit pour faire voir que la ville de Cône fit venir de Périgueux l'office de saint Front. Mais fit-elle venir aussi les reliques? Il est clairement prouvé que non; car le P. Jean Dupuy, récolet, écrivait, en 1629, que le corps entier et le chef de saint Front, premier évêque de Périgueux, furent conservés à Périgueux jusqu'en 1575, époque où les calvinistes, ayant porté la châsse à un château voisin de la Dordogne, les jetèrent dans cette rivière. Donc le corps presque entier qu'on voyait à Cône n'était nullement celui de saint Front de Périgueux, à moins qu'on ne prétende que tous les ossemens, grands ou petits, composant ce corps, furent recueillis dans l'eau courante de la Dordogne et portés secrètement dans cette ville, ce qui nous semble impossible.

Le fondateur de l'église du Périgord rencontra, sans doute, beaucoup d'obstacles dans la mission qu'il avait à remplir. Attaquer un culte établi depuis plusieurs siècles, combattre le polythéisme, doux et commode, pour lui substituer une religion austère, et qui était en opposition avec les goûts, les penchans, les passions des hommes, tel était le changement qu'il fallait opérer. Une si généreuse entreprise dut commander bien des sacrifices et exiger de grands efforts. Notre apôtre surmonta toutes les difficultés. A force de soins et de fatigues, il fit triompher l'évangile, et l'hydre du paganisme soumit sa tête altière au glaive de la foi. C'est, sans doute, cette vérité que la tradition nous a conservée dans un vieux tableau allégorique placé dans la cathédrale, et représentant saint Front, au pied de la tour de Vésone, écrasant un dragon à sept têtes et renversant le temple des faux dieux.

Il est probable que notre évêque fit des miracles : presque tous les apôtres des premiers siècles furent thaumaturges.

Il le fallait bien pour qu'ils pussent prouver la divinité de leur mission.

Voici ceux que nous avons extraits de divers actes de sa vie ; nous n'en garantissons point l'authenticité : Voyageant en Egypte avec un nommé Appolonius, il ressuscita plusieurs voleurs que deux dragons énormes avaient tués. Par reconnaissance, sans doute, et par conviction, ces voleurs se convertirent à la foi chrétienne et reçurent le baptême. De retour à Rome, on lui présenta une fille possédée du démon depuis quatorze ans. Le démon, en le voyant, frémit de colère, et s'écria dans un accès de rage : O Gaule, qui nous as envoyé tant de tourmens, que de vertus dans cet homme dont nous ne pouvons soutenir les regards ! Il fallut néanmoins céder : le démon se retira ; mais le feu du ciel tomba au même instant sur lui pour le brûler. Saint Pierre eut connaissance de ce miracle ; ravi du récit des belles actions de saint Front, il le fit venir auprès de lui et le nomma évêque de Périgueux. Trois jours après s'être séparé de saint Pierre, Georges, son compagnon de voyage, vint à mourir. Il l'ensevelit pieusement, et revint, fondant en larmes, vers saint Pierre. Ne pleurez pas, lui dit ce chef des apôtres en le voyant : voilà mon bâton, exhumez Georges, appliquez ce bâton sur lui, et il ressuscitera. Saint Front obéit, et son compagnon reprit la vie. Les païens, témoins de cette résurrection, crurent et furent baptisés. Arrivé à Périgueux, il délivra une femme de la possession du démon, guérit un paralytique nommé Chilpéric, rendit la vue à un aveugle et la santé à Aurélius, comte de la ville. Ce personnage, délivré des ulcères qui le dévoraient, se montra rempli de reconnaissance envers saint Front : il se soumit, lui et ses successeurs, à la puissance spirituelle et temporelle de son libérateur et des évêques qui lui succéderaient. Il lui donna un palais et de quoi bâtir une église qui fut dédiée au Sauveur, à la bienheureuse vierge Marie et à saint Jean-Baptiste. Près de la porte romaine il ressuscita le fils d'Illidius et de Benedicta, celui de Pascentius, et leur conféra le baptême, ainsi qu'à sept mille autres personnes. Il chassa les idoles du temple de Mars, les renversa par terre d'un signe de croix, les livra aux flammes malgré leurs gémissemens, leurs vociférations, et consacra ce temple au culte de saint Etienne. Il renversa, aussi par un signe de croix, la statue de Vénus, d'où sortit un affreux serpent qui, de son souffle empesté, fit périr un grand nombre de païens. Saint Front leur rendit la vie, les baptisa, et le serpent se réfugia dans le désert.

Un nommé Squirius, envoyé dans l'Aquitaine en qualité de gouverneur par Claude, voulut frapper saint Front ; aussitôt la foudre éblouit le profanateur et déroba saint Front à ses regards. A Brantôme, il renversa Mercure dans la poussière, ressuscita un mort, et y consacra un temple au Sauveur. Il fut à Angoulème ; mais il y fit peu de conversions, *pauci evangelium recipiunt*. A Saintes, il chasse les démons. A Bordeaux, il impose silence aux oracles, détruit les idoles, consacre un autel au premier martyr et bénit un cimetière. A Blaye, il délivre des possédés, brise les fers des captifs, baptise le préfet, le peuple, et bâtit une église en l'honneur du Sauveur. Revenu à Saintes, il rendit la vue à un aveugle. A Poitiers, il fut d'abord peu écouté ; il y fut frappé de verges par ordre du comte Arcadius et expulsé. Mais un ange l'ayant engagé à y revenir, il y baptisa plusieurs païens et y institua un évêque.

En se rendant à Soissons, il ressuscita le fils d'Eufricius, et délivra de la possession du démon la fille d'un nommé Lotaringus. Un énorme serpent désolait les environs de

Neuilly; saint Front, crachant sur lui, le fit mourir : *in eum expuens interfecit.* Par reconnaissance, les habitans de cette ville bâtirent une église. Saint Front voulut y offrir le sacrifice, le vin manquait et l'on ne pouvait s'en procurer ; il en obtint du ciel : une colombe lui en apporta une fiole, que l'on a conservée pendant long-temps dans cette église. En se rendant à Limoges, il guérit un jeune homme de la morsure d'un serpent, délivra plusieurs énergumènes, chassa d'un signe de croix un dragon et plusieurs serpens qui désolaient la ville de Nogent, ses environs, et ressuscita à Toulouse, trois jours après sa mort, un enfant qui s'était noyé en traversant la Garonne pour venir l'entendre. Enfin, ayant appris la mort de saint Pierre, il retourna à Périgueux et y construisit une chapelle en son honneur. Pendant qu'il célébrait la messe, il se transporta à Tarrascon pour assister aux obsèques de sainte Marthe, sans cependant quitter son église. Sorti de son extase par le diacre qui demandait sa bénédiction pour chanter l'évangile, il raconta qu'il venait de Tarrascon et qu'il y avait laissé un de ses gants.

Tels sont les miracles attribués à saint Front dans les actes de sa vie, écrits en latin. Nous n'avons fait que les traduire littéralement. Une pieuse crédulité peut les admettre ; mais une critique éclairée et judicieuse les rejetera peut-être, au moins en partie, surtout en se rappelant cette réponse de Gerault, abbé de Solignac, à un clerc de Périgueux, qui, en 1031, rapportait, dans le concile de Limoges, quelques-uns de ces prodiges. *Tace frater, melius est ut taceas....* « Taisez-vous, mon frère, il est mieux que vous gardiez le silence : les actes de la vie de saint Front sont insuffisans pour établir vos prétentions : *Gauzbertus noster edidit lucri causâ.* C'est notre Gausbert qui les a faits pour de l'argent. »

Il paraît que saint Front commença par exercer son zèle

2

aux environs de l'ancienne voie romaine d'Agen à Vésone,
passant par Lalinde et voisine de Lencais. On trouve, en
effet, près de cette route plusieurs églises qui lui sont dé-
diées : Saint-Front-de-Colori , Saint-Front-de-Clermont , -
Saint-Front-de-Champagnac , Saint-Front-de-Douville et
Saint-Front-de-Bru. Une vieille tradition attribue à saint
Front d'avoir fait, avec le signe de la croix, la grande
brèche qu'on voit encore à la tour de Vésone, le repaire
d'un énorme dragon. Il est probable que ce dragon n'est
que l'emblème de l'idolâtrie. S'il en était autrement, pour-
quoi un dragon dans tant de villes? A Bordeaux, il y avait
la tour du dragon. La dépouille d'un énorme lézard était
suspendue à la voûte de la cathédrale d'Angoulême. On
voyait la même chose à Poitiers, à Metz : à Tarrascon, le
dragon avait été tué par sainte Marthe. Quoi qu'il en soit,
la brèche de la tour de Vésone ne remonte qu'aux premières irruptions des barbares dans l'empire romain.

On ne trouve nulle part que saint Front ait souffert le
martyre, et les anciens martyrologes qui font mention de
lui ne le considèrent que comme confesseur. Il est impossible de déterminer au juste le temps de sa mort; mais il est
certain qu'il mourut à Périgueux, comme il est hors de
doute qu'il donna naissance à la cathédrale qui porte son
nom, et dont nous allons parler.

Le voyageur, en arrivant à Périgueux, aperçoit un clocher
de forme bizarre. Il interroge ses souvenirs; mais aucun
d'eux ne lui rappelle un point de comparaison. Sa curiosité
se trouve excitée, et son premier soin est de visiter le monument qui, de loin, a frappé ses regards étonnés. Il erre
long-temps autour de l'édifice auquel ce clocher appartient,
sans pouvoir en découvrir l'entrée. Parvenu sur une place ,

où il s'arrête quelques instans pour examiner une fontaine
jaillissante dont le travail lui plaît, il aperçoit une arcade :
le vide obscur que produit cette arcade fixe son attention.
Il s'approche... De grandes pierres d'appareil que les siècles
avaient noircies, mais qu'une main barbare vient de badi-
geoner, une frise d'un travail admirable, des bas-reliefs du
meilleur goût, lui décèlent le monument qu'il cherche :
c'est le fronton du porche par lequel on pénètre dans la basilique antique. Ce porche, que les injures du temps n'ont
pu détruire, a été utilisé par le commerce et l'industrie : à
gauche, l'on remarque l'atelier d'un sabotier, et à droite,
deux magasins d'épiciers. Le voisinage, du moins, est une
garantie pour les acheteurs : la fraude et la mauvaise foi
ne seraient pas venues loger si près du temple.

La porte qui mène dans le vestibule, aujourd'hui décou-
vert, est remarquable. Son style gothique, ses petites colonnes, leurs chapiteaux historiés, sa forme ogivale, son
double rang de pointes de diamans, séparé par un toron
qui retombe sur l'imposte, tout intéresse : on regrette qu'on
l'ait enfouie à moitié, et qu'on n'ait laissé précisément que
ce qu'il faut pour le passage. C'est du vestibule que le
voyageur observe le clocher. Sa hauteur l'étonne : elle est
de près de soixante-sept mètres. Ce clocher s'élève comme
une pyramide. A partir de sa base, presque carrée, jusqu'à
son sommet, il va toujours en décroissant. Il est orné de
trois galeries extérieures qui l'entourent comme une ceinture. Les quatre faces sont décorées de colonnes engagées,
de pilastres entre lesquels se trouvent des croisées à plein
cintre. Au-dessus de la troisième galerie, le plan devient cir-
culaire. Une trentaine de colonnettes, élevées sur un soubassement et couronnées d'une espèce d'entablement, soutiennent le dôme du clocher, dont la forme est conique. Impo-

sant par sa masse, sévère par son genre de construction, ce clocher est sans modèle en France, et, dans son ensemble, il fera toujours l'admiration des hommes versés dans la connaissance des monumens du moyen âge. Il fut bâti par Frotaire de Gourdon, en 980 ou environ. A une époque de restauration politique, on voulut aussi restaurer ce clocher ; et croyant l'embellir, en le rajeunissant, et le consolider, sans doute en le crépissant, on ne trouva rien de mieux que de lui donner une couleur cendrée. C'était probablement pour faire allusion à l'incendie dont il fut, il y a neuf siècles, la triste victime. On n'oublia pas non plus de peindre sur sa base une énorme croix, que le temps, du reste, efface chaque jour. C'était pour qu'on se souvînt que ce signe du christianisme n'est point étranger à un monument catholique.

Deux maisons occupent presque tout le vestibule. Leur construction est récente et fut le résultat d'une condescendance toute bienveillante. La première de ces maisons appartient à un honorable industriel. La seconde sert de logement au sacristain de la cathédrale.

Une chapelle gothique où le culte religieux n'est plus exercé, mais où l'on trouve une grande provision de chandelles, d'huile, de sel, de sucre, de savon, de fromage, de beurre, etc., avance sur la base du clocher, et produit extérieurement à l'œil un effet aussi désagréable que l'abandon qu'on en a fait est pénible au cœur chrétien. Cette chapelle appartenait anciennement à la famille de Laroche-Aymond, qui en faisait un tombeau. On y voit encore ses armes avec la litre bien conservée. Les ecclésiastiques appartenant à cette famille avaient, dit-on, le droit de déposer un pistolet sur l'autel en célébrant la messe ; droit singulier, s'il n'eût consacré le souvenir de quelque glorieuse action pour la défense de la foi.

Il ne reste plus de la première jeunesse du vestibule que quelques portions de murs et de voûtes brisées, perdues dans de nouvelles constructions qui les déparent. Là, fut jadis une église antérieure à celle qui existe. J'aime à me persuader qu'elle fut le temple antique élevé sur les débris de l'humble oratoire qui renfermait les précieuses dépouilles de l'immortel fondateur de la foi dans notre cité de Vésone. Je me plais à y suivre saint Hilaire, saint Just, son disciple, et saint Géry, évêque de Cambrai, venant honorer les reliques de l'apôtre du Périgord, et à marcher avec cette foule immense de pélerins qui se pressent sur le tombeau du saint pontife pour célébrer son triomphe et implorer sa puissante intervention (1). Je me persuade que cette vieille église fut celle que restaura Chronope, et dans laquelle il transféra le corps de saint Front, qui valut à ce vénérable évêque la brillante épitaphe que fit à sa louange le savant Fortunat de Poitiers (2). Mais à quels

(1) Extrait de la vie de saint Hilaire, évêque de Poitiers, écrite par saint Just, un de ses disciples sur la fin du iv.ᵉ siècle. Il y est fait mention d'un voyage que firent ces deux saints personnages peu après l'an 360, à Limoges et à Périgueux, pour visiter les tombeaux de saint Martial et de saint Front. — Extrait de la vie de saint Géry, évêque de Cambrai, écrite peu de temps après sa mort, où il est parlé d'un voyage que ce saint fit en Périgord, vers l'an 600, pour visiter les possessions de son évêché et honorer le tombeau de saint Front.

(2) Fortunat naquit vers l'an 530. Saint Grégoire de Tours ne lui donne que le titre de prêtre. Cet historien était mort lorsque Fortunat fut fait évêque. L'église de Poitiers l'honorait comme saint dès le viii.ᵉ siècle. Paul, diacre d'Aquilée, passant par cette ville, alla prier sur son tombeau et en fit l'éloge dans une épitaphe qu'il composa à Poitiers même, sur la demande d'Aper, abbé de Saint-Hilaire, où Fortunat avait été inhumé. Paul loue la beauté de son génie, la pénétration de son esprit, la douceur de ses vers et le service qu'il a rendu à l'église en écrivant la vie de ceux qui l'avaient édifiée par l'éclat de leur sainteté.

troubles, à quelles commotions politiques peut-on attri-
buer la destruction de ce premier temple? L'histoire nous
parle, dans le cinquième siècle, d'un affreux débordement
de barbares dans l'empire romain, de mille excès dont
ces peuples se rendirent coupables, et la tradition s'est
chargée elle-même de vouer leurs noms, d'âge en âge, à
l'exécration publique : voilà sans doute les destructeurs du
temple. Ennemis de la religion du Christ autant qu'ils l'é-
taient des Romains, ces peuples féroces, voulant assouvir
leur haine, renversèrent tous les monumens religieux, et
leur passage fut un torrent de feu. C'est à cette même
époque que les habitans de Vésone, voulant se prémunir
contre la brutalité de ces barbares et se soustraire à une
mort certaine, se déterminèrent à sacrifier tous les édifices publics pour élever autour de leur ville, avec leurs
débris, un rempart dont on voit encore d'immenses restes
et dont les traces sont faciles à suivre. Pour avoir une
idée des ravages exercés par ces barbares, qu'on lise la
lettre de Sidoine Apollinaire à l'évêque Basile, au sujet de
l'état déplorable où se trouvaient alors les églises d'Aquitaine, à cause de la persécution d'Euric, roi des Visigoths (1).
Bordeaux, Périgueux, Rodez, Limoges, Mende, Cause, Ba-

(1) .....*Burdegala, Petrocorii, Ruteni, Lemovices, Gabalitani, Elu-
sani, Vasates, Convenæ, Auscenses, multòque jam major numerùs civi-
tatum, summis sacerdotibus ipsorum morte truncatis, nec ullis deinceps
episcopis in defunctorum officia suffectis (perquos utique minorum ordi-
num ministeria subrogabantur), latum spiritualis ruinæ limitem traxit....
.....Nulla in desolatis cura diœcésibus, parochiisque. Videas in ecclesiis
aut putres culminum lapsus, aut valvarum cardinibus avulsis, basilica-
rum aditus hispidorum veprium fruticibus obstructos. Ipsa pro dolor !
Videas armenta non modo semipatentibus jacere vestibulis, sed etiam
herbosa viridentium altarium latera depasci, etc.*
(Extrait de la lettre de saint Sidoine à l'évêque Basile.)

zas, Cominges et Auch, étaient sans pasteurs. Ce prince ne permettait point à ces églises d'ordonner des évêques, espérant faire périr ainsi le christianisme, en le privant de ses pontifes et en renversant ses temples. Dans les villes, dit saint Sidoine, les églises qui ne sont pas entièrement détruites ne sont plus fréquentées : les fidèles sont sans consolation et sans secours. Dans les campagnes, les édifices religieux sont abandonnés, les uns fermés par les seuls buissons qui y croissent, les autres ouverts aux troupeaux qui viennent y paître l'herbe jusqu'aux pieds des autels. Ce pontife, en commerce de lettres avec les hommes les plus savans de son temps, sachant que Licinien avait été chargé par l'empereur Nepos de faire un traité avec les Visigoths, obtint quelques ménagemens pour les églises, et des momens de calme reparurent après de violens orages.

A cette primitive église, restaurée par Chronope, succéda celle que nous voyons aujourd'hui. Commencé dans le septième siècle, après deux cents ans de travaux souvent interrompus et repris, à cause de l'invasion des Sarrasins et des guerres continuelles qui désolaient le Périgord, cet édifice était à peine achevé qu'il fut, comme le premier, menacé d'une ruine totale. De nouvelles hordes de barbares venues du nord, poussées par le génie de la destruction, tombèrent inopinément sur la France, et y portèrent la désolation et la mort. « Les Normands, dit le père Du-
« puy, peuple idolâtre et furieux, estant affriandis par les
« butins qu'ils avoient enlevés de Paris, quelques années
« auparavant, vindrent fondre par mer sur notre misérable Aquitaine, prenant terre à l'embouchure de Gironde,
« entre Xaintes et Bourdeaux. De là ils s'espandirent par
« la Xaintonge.... Sans résistance ils ont entré dans Xain-
« tes, l'a pillent, l'a brulent, l'a razent; de là passent à

« Angoulême, à Limoges, et y font les mêmes désordres. »
S'étant emparés de la ville de Bordeaux, ils se dirigèrent
probablement vers Libourne, et arrivés à la jonction des
rivières de la Dordogne et de l'Ille, ils occupèrent les hau-
teurs qui séparent ces deux rivières et firent un établissement à Puy-Normand, qui en a retenu le nom. Puy-
Normand est une excellente position : ils y bâtirent, sans
doute, un fort pour leur propre défense. C'est là qu'ils du-
rent se diviser en deux colonnes. L'une remonta la Dordogne et l'autre l'Ille. La première occupa d'abord Castil-
lon, ravagea Montravel, Sainte-Foi, Bergerac et Lalinde;
saccagea et brûla le monastère de Paunat et se réunit à la
deuxième colonne qui, remontant l'Ille, vint mettre le siége
devant Périgueux, après s'être emparée du poste impor-
tant de Chalus, des châteaux de Montpaon, de Mussidan,
et après avoir ruiné les abbayes de Sourzac et de Saint-
Astier, qui se trouvaient sur son passage. « N'ayant pu
« forcer la citadelle de Vésone, ou la seconde ville qui
« était close et renfermée d'une bonne muraille, continue
« le père Dupuy, les Normands tournèrent leur rage sur
« le bourg et monastère du Puy Saint-Front, allumèrent
« le feu aux quatre coins des bastimens, forcèrent tout ce
« qui leur faisoit résistance, jusqu'à ce qu'ils viennent à
« l'église du saint apôtre qu'ils veulent aussi brûler et sap-
« per. De faict par toutes inventions, ils s'en mettent en
« devoir : mais la divine protection et la puissance de ce
« grand saint ne leur permit cet avantage. Car soudain
« à la vue des infidèles attaquans et des fidèles qui es-
« toient sur les murailles de la Cité parut en l'air un vé-
« nérable et ancien évesque revestu des habits pontificaux,
« accompagné de quatre jeunes hommes parés de dalmati-
« ques rouges, qui deffendoient du feu ce lieu saint et re-

« culoient les Normands de l'abord, moins leur en per-
« mettoient-ils l'entrée; voire espouvantés par le signe tout
« céleste, ils prindrent la fuite sans qu'ils fussent autre-
« ment poursuivis. » Tel est le récit de l'historien Dupuy;
mais, craignant de rencontrer quelques incrédules, cet auteur a soin de le terminer ainsi : « Notre évesque Sébal-
dus raconte ceci comme arrivé de son temps (1). » Il est probable, néanmoins, que le feu mis aux quatre coins des
bâtimens dut les endommager, que le monastère fut brûlé
ainsi que le clocher, et que quelques parties de l'église
furent renversées. Les nombreuses reconstructions et restaurations qu'on y remarque autorisent cette pensée. Il semble même que les réparations ne furent entièrement ter-
minées que vers le dixième siècle, puisque c'est à cette
époque que les chroniques parlent d'une consécration faite,
en 1047, par Aymon de Bourbon, archevêque de Bourges.
Au reste les traces du feu, bien visibles à l'extérieur des
gros murs de la croix grecque, des voûtes, des coupoles,
du clocher, des chapelles latérales, et même du porche et
du vestibule, ne laissent aucun doute sur la réalité d'un
violent incendie qui aurait eu les Normands pour auteurs,
ou, plus tard, un malheureux accident (2). Depuis cette
époque, on ne remarque aucune restauration notable : la

(1) L'évêque Sébalde, dont nous ne connaissons les manuscrits que sur
la foi du P. Dupuy, vivait au commencement du x.ᵉ siècle. Le même auteur
lui attribue la relation des miracles de saint Front. Si l'histoire du siége
de Périgueux par les Normands était véritablement de Sébalde, elle ne
pourrait être que très intéressante et authentique, puisque cet évêque a
été témoin de la plupart des faits qu'il raconte.

(2) MM. Jouannet, de Mourcin et de Caumont, savans distingués, ont
reconnu les traces d'un violent incendie qu'ils font remonter à une époque très reculée.

basilique Saint-Front est restée ce qu'elle était ; et telle la vit Calixte II dans le douzième siècle, telle la verrait encore Grégoire XVI dans le dix-neuvième. C'est dans cet état de stagnation que notre voyageur l'examine. Il avait admiré le clocher, il admire davantage encore l'antique église. Sa grandeur, sa forme en croix grecque, ses cinq coupoles, ses énormes piliers, tout l'étonne et devient pour lui un objet d'étude. Qu'il n'y cherche point l'arcade ogivale et bien prononcée, ces arabesques, ces rinceaux, ces moulures imitées des Grecs ou des Romains, ces médaillons dans lesquels sont, en demi-relief, les bustes des personnages marquans de l'époque, ces rosaces à dentelles, ces galeries supportées par des pilastres gracieux et légers, ni les ornemens multipliés de la renaissance. Non, il n'y verrait rien de ce qui caractérise un ordre d'architecture : tout y est grand, mais irrégulier. Les pilastres ont pour base un socle continu, surmonté d'une corniche brute ; leurs chapiteaux sont corinthiens, mais chacun d'une forme différente et du plus mauvais goût ; souvent même ils ne sont qu'une espèce d'imposte. Le plan seul offre de l'ensemble, marche vers l'unité, et le temple est parfaitement orienté sur les quatre points cardinaux : douze piliers soutiennent les vingt panaches qui portent les cinq coupoles formant la croix grecque. Ces piliers sont percés dans les deux sens jusqu'à une certaine hauteur, et à l'extrémité de chacune des branches de cette croix, l'ouverture est couronnée par un petit dôme. Trois portes, dont deux sans ornement et trop étroites pour l'immense grandeur de l'édifice religieux, donnent entrée aux fidèles. La plus fréquentée est celle de l'ouest : précédée d'une vaste place à laquelle aboutissent les deux principales rues qui traversent la ville et alimentent son commerce, l'abord en est plus facile. Le sol ex-

térieur est plus élevé de cinq ou six mètres que le pavé
de l'église, l'édifice se trouvant bâti sur le penchant d'un
coteau au pied duquel coule la rivière de l'Ille : aussi faut-
il descendre de ce côté-là une trentaine de marchés pour
arriver dans la basilique. Je ne m'arrêterai point à signa-
ler les deux tribunes que l'on voyait en entrant : leurs arcades, les minces colonnes qui les supportaient, leurs chapiteaux, leurs balustrades, leurs socles, étaient d'un si mauvais goût, que, pour ne pas déshonorer le talent de l'architecte, nous laisserons son nom dans l'oubli. Ces tribunes dé-
truisaient l'harmonie du plan primitif de l'église et frappaient
désagréablement la vue. Elles furent construites, il y a près
d'un siècle, à l'époque où furent placées les orgues (1).
Elles avaient alors une destination; aujourd'hui, elles étaient
un hors-d'œuvre. Aussi, dans le ravalement de l'église dont
on s'occupe, l'une a été abattue et l'autre le sera prochaine-
ment.

Que le voyageur ne cherche point l'âge de notre vaste
église dans quelques inscriptions : il n'en existe aucune. Il
faut qu'il l'étudie sur la physionomie du monument; mais

(1) L'orgue est à deux buffets. Les trois tourelles, contenant les jeux de
montre, sont sculptées et soutenues par des cariatides. Cet instrument est
trop petit pour le vaisseau de la cathédrale : restauré deux fois, il est aujourd'hui en bon état, et M. Duteil, jeune organiste distingué et plein de
zèle, en tire tout le parti possible. — Voici l'inscription que l'on trouve sur
le sommier du petit orgue :
« Cette orgue a été faite par les soins et aux dépens de messire Domi-
« nique Dejhean, prêtre-chanoine de Périgueux; elle a été fabriquée par
« le sieur Marin-Carouge, facteur d'orgue de Paris. Elle fut commencée
« l'an 1731, le 7.e du mois d'aoust, et finie le 12.e septembre 1733; et a
« été reçu pour premier organiste le sieur Joseph Jossol, prieur de Saint-
« Martin; et a été reçu pour le second organiste le sieur Claude-Robert
« Jossol le cadet, prieur de Saint-Martin, le 15 août 1744. »

qu'il ne s'en rapporte point à sa couleur : les coupoles
peintes en rose n'ont pas la jeunesse de la fleur dont on
a voulu les rendre les images. Une galerie intérieure règne autour de l'édifice ; sa largeur se compose de l'épais-
seur des arcades, d'une partie de celle du gros mur et
de la saillie d'une espèce de corniche : cette galerie ne fut
point construite pour servir d'ornement. Elle supporte le
parpaing qui ferme les arcades des extrémités des branches de la croix, et devenait nécessaire pour faciliter l'en-
tretien habituel de l'église. C'est dans ce parpaing que sont
pratiquées les trente-six fenêtres qui éclairaient le temple.
Au centre de l'édifice s'élèvent quatre piliers carrés qui soutiennent la coupole du milieu. Sous le rapport de l'architecture, ils n'offrent rien de remarquable ; seulement leur
élévation est imposante, leur forme est sévère, et en harmonie avec la gravité du cloître. Aux branches de la croix
grecque étaient adaptées deux chapelles ; il n'existe plus
que celle du sud : elle forme une abside, et se trouve su-
périeure au pavé de l'église. Sa voûte, terminée en cul-
de-four, est de la même hauteur que l'arcade ; son pour-
tour est orné de deux rangs de colonnes d'ordres corinthien
et composite, placés l'un sur l'autre, avec un couronne-
ment : cette chapelle ne remonte qu'aux dixième siècle.

Elle vient d'être complètement restaurée, et avec goût,
par M. Catoire, architecte, sous la direction éclairée de
Mgr l'évêque de Périgueux. On a fait disparaître la corniche qui régnait horizontalement au-dessus de l'arcade formant l'ouverture de la chapelle. Son état de dégradation
ne permettait pas de la conserver. Les colonnes des arcades
intérieures du premier rang ont été remplacées par de nouvelles colonnes, auxquelles on a donné les proportions ar-
chitecturales que ne possédaient pas les anciennes. Des cha-

piteaux d'ordre composite ont été substitués aux anciens qui étaient d'ordre corinthien, mais que le temps avait détériorés, et qui, d'ailleurs, étant postérieurs à la construction de la chapelle, n'étaient pas en harmonie avec le style de l'époque. Le pavé et les marches du sanctuaire ont été refaits. Un autel en marbre du Languedoc a été placé sous la grande arcade. Ses griffes sont en marbre blanc statuaire, et la corniche en marbre gris lumachele des Pyrénées. Son marchepied, en mosaïque de marbres, brèche africaine, medoux, campan vert et mélangé, est d'un travail remarquable. Il justifie les espérances qu'avait fait naître dès son début l'établissement de marbrerie que possède la ville de Périgueux (1).

Toutes les colonnes et les parois des murs de cette chapelle, dédiée à saint Jean-Baptiste et destinée au culte paroissial, ont été parfaitement ravalées, et une balustrade en fer la sépare de cette partie de l'église qui doit servir de nef à la paroisse.

La chapelle du nord, parallèle et semblable à celle du

(1) L'usine de Barnabé, près Périgueux, qui continue à préparer des pierres lithographiques d'origine française, se livre aussi à la partie de la marbrerie. Ce sont les mêmes scies mécaniques, les mêmes moulins à polir qui débitent et polissent les pierres lithographiques et les marbres.

Aussi de toutes parts voit-on des ornemens de marbre embellir les maisons particulières et même nos temples. Il ne se construit pas, on ne restaure pas une maison qui n'ait ses cheminées en marbres, et déjà plusieurs églises ont remplacé leurs autels en bois par des autels en marbres qu'elles font faire dans cet établissement à des conditions plus avantageuses qu'à Bordeaux. C'est qu'ici la mécanique et la puissance d'un moteur hydraulique diminuent de beaucoup la main-d'œuvre, et l'on voit par ces résultats qu'il ne faudrait à notre département que des capitaux et quelques hommes d'intelligence pour le faire sortir complètement de sa nullité industrielle.

sud, fut modifiée dans le xvii.ᵉ siècle, pour y adapter une église paroissiale dont les murs, aujourd'hui en ruines, laissent cependant apercevoir encore toute l'étendue. La porte de la nouvelle église fut faite dans le milieu de l'abside, et la profondeur de la chapelle, dont on fit disparaître les deux rangs d'arcades, servit de péristyle. Une tempête politique fit cesser un moment l'exercice du culte catholique; mais l'homme, sentant le besoin d'une religion quelconque, déifia la raison, et la plaça dans le lieu saint sous l'emblème d'une femme. Cette pauvre déesse eut aussi son temple à Périgueux, et, enorgueillie jusqu'au délire des honneurs divins dont elle était l'objet, elle voulut y commander en souveraine. Son premier soin fut de faire murer l'ancienne porte qui communiquait avec la cathédrale et d'en faire construire une autre. Elle fit dresser une tribune où ses adeptes entonnaient à sa gloire des hymnes patriotiques, et du haut de laquelle péroraient ses disciples. Elle prescrivit l'égalité et la fraternité dans ses fêtes. Aussi tous les dix jours faisait-elle indistinctement danser ensemble amis et ennemis. Mais à force de ridicule elle finit par avoir honte d'elle-même : elle abandonna son trône et renonça volontairement à son empire. Alors le péristyle du temple usurpé redevint ce qu'il était primitivement, une chapelle, et c'est là que fut placé plus tard ce magnifique retable qui excite encore notre admiration et celle des étrangers. Ce monument, en bois de chêne sculpté, fut fait par un frère jésuite, dont la congrégation possédait un collége à Périgueux. Ce religieux, qui s'appelait Laville, mit dix ans pour le terminer, ne se doutant point que le collège serait un jour transformé en préfecture; que les pilastres, la corniche et l'entablement orneraient la façade de ce nouvel établissement; que l'emplacement de l'é-

glise deviendrait une place publique; et que son travail,
chef-d'œuvre d'art et de patience, jeté dans la poussière,
serait devenu la proie des vers ou des flammes, si la religion ne se fût empressée de lui rendre sa première destination.

Ce retable occupe en demi-ellipse tout le fond de la chapelle : il s'élève à une hauteur de 9 mètres 40 centimètres,
et se développe sur une longueur de 11 mètres 10 centimètres. Il se compose d'un soubassement sur lequel reposent
quatre piédestaux, avec leurs colonnes torses d'ordre corinthien et leur entablement surmonté d'un acrotère.

L'architrave, la frise et la corniche, après avoir régné horizontalement sur les deux côtés du retable, décrivent un
arc de cercle dont les extrémités s'appuient sur les deux
colonnes du milieu, et dont le sommet vient se raccorder
avec le niveau supérieur de l'acrotère.

Sous le portique se trouve sculptée en relief la scène prin-
cipale, représentant l'assomption de la Vierge. On voit Marie
s'élever dans le ciel, enveloppée de nuages et soutenue par
une foule d'anges. Les apôtres, au nombre de onze seulement, sont prosternés; ils contemplent le triomphe de cette
reine des cieux, et les traits de leur visage annoncent l'é-
tonnement et la joie.

Dans l'entre-colonne, de chaque côté, sont deux niches,
formées par deux pilastres, couronnées d'une tête d'ange,
sur laquelle s'appuie l'archivolte, au centre de laquelle est
placée, sur un cul-de-lampe orné de feuilles d'acanthe, une
statue de grandeur naturelle représentant le mystère de
l'annonciation.

A gauche, c'est l'ange Gabriel, dont la figure est vue en
profil. De longs cheveux bouclés tombent sur ses épau-
les. Ses ailes sont déployées. Il est vêtu d'une longue tuni-

que pressée sur ses reins avec un cordon attaché par devant. Son manteau, posé sur l'épaule droite, passe sous le
bras gauche ; la main droite le tient relevé sur la cuisse. Le
visage de l'ange fut mutilé, et la restauration qu'on y a
faite lui enlève la noblesse de l'expression. Mais l'envoyé
du ciel, se tenant debout, la main gauche tendue, le regard fixé sur Marie, indique dans sa majestueuse attitude
toute la sublimité de sa céleste mission. Une arabesque, je-
tée avec grâce, forme une auréole au-dessus de sa tête.
Le centre de l'arabesque est indiqué par une croix à branches égales. Autour est une guirlande de fleurs surmontée
d'un panache, et on y remarque deux anges dont le bas du
corps se termine en volutes ornées de feuillages.

Marie est à droite. Elle se tient à genou sur un prie-
Dieu avec un livre ouvert devant elle. Elle a pour vêtement
une large robe qui descend, en plis onduleux, jusqu'à terre.
Sa ceinture est un cordon noué par devant. Sa main droite
repose sur son cœur, et le geste qu'elle fait de la main
gauche exprime les sentimens d'une humble résignation.
La coiffure porte le cachet de l'époque du xvii.ᵉ siècle. La
figure est le portrait d'Anne d'Autriche. La ressemblance
est trop frappante pour n'être que l'effet du hasard. La forme
du prie-Dieu, dont toutes les parties sont sculptées à jour,
est infiniment gracieuse. C'est sur ce prie-Dieu qu'est posé
le livre de la Vierge. Une auréole en arabesque remplit l'intérieur de la niche, dont le sommet est couronné par une
corbeille de fleurs placée dans un encadrement en guir-
landes.

Deux culs-de-lampe supportent ces statues. Semblables
dans leur forme, ils le sont aussi en grandeur, et les ornemens qui les décorent sont parfaits de goût et de pureté.
Dans les panneaux de l'entre-colonnement sont placés des va-

ses imitant les vases antiques : ils sont remplis de fleurs, et à leurs deux anses sont attachés des griffons qui se terminent en volutes ornées de bouquets, d'où s'échappent des génies ailés.

Mais ce sont surtout les colonnes qu'il faut admirer. Sculptées avec grâce, une guirlande de fleurs les entoure sans interruption de la base au sommet, et des rameaux de vignes entrelacées en envahissent, avec leurs feuilles et leurs fruits, presque toutes les sinuosités. Des anges, semblant planer dans les airs, jouent avec les grappes de raisins, tandis que des oiseaux voltigent autour pour en saisir quelques grains. Ici ce sont des pélicans, symboles de l'affection maternelle ; là des lions, emblèmes de la force ; et à ces animaux viennent s'en joindre d'autres d'une nature non moins opposée. Des ours, des loups, des singes, des écureuils, animent le tableau ; et si l'on reprochait à l'artiste l'incompatibilité des caractères, il trouverait son excuse dans une pensée religieuse. Peut-être blâmera-t-on, dans ces colonnes, la trop grande profusion des détails ; mais leur richesse, en leur attirant une critique, ne leur suscitera point une envie rivale. On ne se livre plus aujourd'hui aux œuvres de grande patience, et c'est peut-être notre précipitation qui dévoile notre faiblesse.

Les piédestaux de ces colonnes représentent, en bas-relief, dans des panneaux, plusieurs mystères de la Vierge et de la passion du Christ. C'est pour les yeux vulgaires l'histoire parlante des diverses époques de la vie de Marie et de son fils ; et pour les esprits supérieurs, un objet d'art que la religion rend plus précieux encore. Les bas-reliefs des faces latérales ne sont qu'ébauchés. Encadré dans une torsade de fleurs, formant un médaillon, chaque mystère offre une scène complète, avec des particularités qui caractérisent l'époque où vivait le sculpteur. Ce n'est pas seulement dans les costumes qu'on retrouve le siècle de Louis XIII, mais encore dans les habitudes et les goûts de la famille. On est frappé du nombreux entourage de la mère de Marie au moment où elle met sa fille au monde. On n'est pas moins surpris en voyant un chien caniche jouer autour d'un berceau avec les langes d'un enfant. Les mystères du Christ offrent une plus grande exactitude historique. Décrits par l'évangile, le respect pour le texte sacré les a préservés des anacronismes que le sculpteurs s'est permis lorsqu'il a pu se livrer aux caprices de sa volonté. Une espèce de fronton, surmonté d'un soleil dans lequel on voit le monogramme du Christ, couronne toute l'ordonnance de ce retable. Au centre, Jésus, porté sur des nuages, semble s'élancer vers sa mère pour déposer sur sa tête la couronne qu'il tient suspendue, et à droite et à gauche sont des anges de grandeur naturelle qui, ravis de ce spectacle, contemplent et adorent.

Tel est l'ensemble de ce chef-d'œuvre de patience remarquable par sa composition, et que notre siècle reproduirait avec d'autant plus de difficultés que les artistes travaillaient alors d'inspiration.

Qu'on ne se persuade point, cependant, que ce travail est sans défaut : il a son cachet d'imperfection comme tout ce qui sort de la main de l'homme. Le sculpteur s'est montré faible dans la partie des figures, parce qu'il connaissait peu l'anatomie. Il a donné à ses personnages quelque chose d'outré dans les mouvemens et dans les poses ; les draperies sont en général lourdes, trop arrondies et sans souplesse ; enfin, les figurines des bas-reliefs sont trop saillantes et manquent des proportions naturelles. Quoi qu'il en soit, ce chef-d'œuvre sera toujours admiré, parce qu'il mérite de l'être.

L'autel, imitant l'urne d'Agrippa, est moderne. Il ne s'accorde point avec l'ensemble du retable, dont toutes les lignes sont droites. Fait en bois blanc, revêtu d'une couleur brune, simple et sans sculptures, cet autel forme une disparate mesquine avec la grandeur imposante du retable. Mais on ne pouvait mieux faire, sans doute, pour le moment; plus tard, la restauration sera plus complète.

A l'extrémité de l'église, et tout-à-fait en dehors du plan primitif, fut bâtie la chapelle gothique qui sert aujourd'hui de chœur. Elle fut fondée, en 1347, par le cardinal de Taillerand, et restaurée, en 1585, par François de Bourdeilles. Les traces de la restauration sont visibles; et les voûtes ogivales, leurs nervures, les groupes de colonnettes, leurs chapiteaux et les figures bizarres qu'on y voit, portent évidemment le cachet de ces deux époques bien distinctes. C'est à l'entrée de cette chapelle, sous l'arcade de jonction, qu'est placé le maître-autel. Ses marches sont en marbre blanc veiné de Carrare, ainsi que la dernière de ses marches, coupée en contre-passe, et incrustée d'une rosace et de fleurons exécutés à la manière des mosaïques de Florence. Les gradins et le massif de cet autel sont en marbre blanc veiné et bleu turquin, et ornés de plaques de marbre plus ou moins précieux, dont plusieurs ne se retrouvent que dans l'ancienne Rome. Un groupe de chérubins décore le milieu du tombeau, et deux anges adorateurs reposent sur le dernier gradin. Derrière cet autel sont deux piliers revêtus de marbre rouge, soutenant une gloire et un baldaquin dorés. Cet autel appartenait à la chartreuse de Vauclaire. La révolution de 1793, en expulsant les religieux, épargna le couvent, et les objets qui y étaient renfermés ne furent dispersés qu'après l'orage. Le grand autel de la cathédrale, fondé en 1463 par le cardinal de Bourdeilles, avait été détruit; celui de Vauclaire le remplaça. Au reste, la beauté, la richesse de cet autel répondent à l'imposante grandeur de la basilique qui le possède. Par reconnaissance pour le cardinal qui, après avoir fondé nôtre ancien autel, mit encore les reliques de saint Front dans une magnifique châsse, enlevée plus tard, dans les guerres religieuses, par Jaure et Lapalanque, je citerai une particularité de sa vie qui, probablement, resterait à jamais ignorée dans quelque manuscrit poudreux : elle honore à la fois son zèle et le dévouement que lui portait son métropolitain. Le pontife était allé réconcilier l'église de Saint-Antoine, profanée par les Anglais. Le bâtard de Grammont, qui commandait dans le château d'Auberoche au nom de ce peuple, se saisit de lui, le conduisit à Larochechalais, puis à Libourne, pour l'envoyer de là en Angleterre. Mais Pierre Bertrand, archevêque de Bordeaux, informé de ce projet, se mit à la tête de quelques gentilshommes, et, puissamment secondé par leurs courageux efforts, il fut assez heureux pour délivrer le prisonnier et le rendre à son diocèse.

Absorbé dans son admiration, le voyageur allait quitter le monument qu'il venait de visiter, lorsqu'il eut la pensée d'arriver sur une des galeries pour jeter un dernier regard sur un édifice qui lui rappelait tant de souvenirs. Il avait parcouru l'intérieur de l'église, il en avait étudié l'ensemble, il était à peu près fixé sur l'époque de sa construction. Dans ses courses de savant et d'artiste, il n'avait jamais rencontré aucun monument de ce genre : à ses yeux, le plan en était oriental, et cette croix grecque lui rappelait Ste.-Sophie de Constantinople. Il avait mesuré par la pensée les siècles que cette église avait bravés ; il avait interrogé ces nombreuses générations de religieux qui, la nuit et le jour, faisaient retentir des accens de leurs prières les antiques coupoles du temple ; il s'était représenté ce vénérable archevêque de Bourges, Aymond de Bourbon, abandonnant momentanément son siége, entreprenant un pénible voyage pour venir présider à la consécration du temple ; il le voyait, entouré des évêques ses suffragans, semer de la cendre sur le pavé de la basilique et tracer de son doigt l'alphabet en caractères grecs et latins; il voyait briller sur les douze piliers douze flambeaux, images des douze apôtres qui éclairèrent le monde, et, dans son illusion, il se croyait entouré d'une foule immense de spectateurs. Arrivé sur la première galerie, il aperçoit dans la construction du clocher des détails qu'il n'avait pu saisir; il les examine de près, et son admiration continue. Il fut frappé surtout par la vue de deux petites chapelles dont il ne comprit pas bien la destination. Leur forme est octogone, et la voûte en coupole repose sur une corniche soutenue par des colonnes dont les chapiteaux sont ornés de figures fantastiques et bizarres. Leur mauvaise tenue attrista son cœur. L'art et la religion lui semblaient devoir réclamer plus de soin.

Ayant atteint les voûtes de la basilique, il se crut transporté sur d'immenses décombres provenant de quelque forteresse romaine. Les tambours, dans lesquels sont placées les coupoles portant jadis une toiture antique, lui représentent les restes des tours de défense; les larges murs, altérés par les siècles, sont à ses yeux des remparts, et les énormes pierres qu'il découvre à travers les débris de briques à rebords forment les ruines de tout l'édifice. Placé sur ces ruines encore fumantes, il méditait sur les vicissitudes des choses de la terre et sur leur instabilité; il faisait passer successivement devant lui les générations qui l'avaient précédé, et bientôt il eût vu probablement la fin du monde, si le son de la cloche, le sortant de ses rêveries profondes, ne lui eût rappelé le lieu où il était et le but de sa visite. Revenu à lui-même, il observe que la basilique fut d'abord couverte en dalles de pierres, et que partout où le dos et les reins des voûtes sont visibles, on distinguait parfaitement plusieurs de ces dalles placées en véritables escaliers à girons rampans; et les coupoles saillantes au-dessus de la toiture, offrant à l'extérieur l'image d'un tambour et d'une calotte, lui parurent avoir été couverte en tuiles à rebords, semblables aux briques romaines. Plus tard, une couche de mortier, immédiatement placée sur les dalles, reçut une couverture en tuiles; mais, reconnue peu solide, cette couverture fut posée sur une charpente qui s'élève au-dessus des coupoles, les dérobe à la vue, et forme à l'extérieur une croix à branches égales, au centre de laquelle il vit avec plaisir une campanille de bon goût.

Satisfait, le voyageur allait se retirer en emportant de notre ville au moins un souvenir, lorsque, poussant plus loin sa curiosité, il voulut savoir à quelle époque le monument qu'il venait d'explorer avait cessé d'être l'église d'un couvent pour devenir une cathédrale. Sa curiosité était digne d'éloge; elle devait tourner au profit de l'histoire. Il apprit qu'en l'année 1575 notre ville fut prise par les protestans, qu'ils en furent les maîtres pendant sept ans, et que, voulant y conserver leur domination, ils détruisirent tout ce qui pouvait devenir un obstacle à leur projet. L'église cathédrale, située dans l'antique Vésone, le palais épiscopal et les maisons canoniales furent renversés. L'évêque et les chanoines, forcés d'abandonner les ruines du temple et leur demeure, se réfugièrent dans le monastère du Puy Saint-Front pour y célébrer l'office divin, conjointement avec les religieux qui leur avaient donné l'hospitalité; mais l'harmonie fut bientôt troublée, et la paix ne put subsister long-temps au milieu de cette société. Le chapitre revint à la Cité et s'établit dans la chapelle épiscopale que les protestans avaient épargnée. Trop petite pour contenir les fidèles dans les grandes solennités, les évêques officiaient dans l'église du monastère. C'était un honneur que les religieux ne voulurent point comprendre; ils le repoussèrent pour défendre leurs droits, et les contestations furent vives et longues entre les deux chapitres. Ami de la paix, François de la Béraudière conçut le projet de relever le temple saint ; il fit bâtir cette partie de l'église qui reste encore : mais la mort suspendit ses travaux, et ses successeurs, renonçant à une entreprise dont le succès leur paraissait impossible, s'attachèrent à négocier l'union des deux chapitres, qui ne fut signée que le 11 janvier 1669. C'est de cette époque que date la translation canonique du chapitre cathédral de la Cité dans l'église collégiale du Puy Saint-Front.

Cent trente-deux ans plus tard, cette église cessa un moment d'être cathédrale ; mais réintégrée dans ses droits, la providence lui donna un pontife qui la releva promptement de ses ruines. Mgr de Lostanges, que le clergé chérissait comme un père, que les fidèles vénéraient comme un apôtre, que le pouvoir pouvait craindre et respecter ; modeste dans ses goûts, autant par l'élévation de sa naissance que par la conséquence naturelle d'une brillante éducation ; étranger à l'esprit d'intrigue ; ennemi, par principe, des innovations qui troublent les consciences et déconcertent la piété ; d'un caractère franc et loyal, d'une âme élevée, inaccessible aux sentimens hideux de la haine ou de l'envie ; ne cherchant le repos et le délassement, aux fatigues de l'épiscopat, que dans les douceurs de la prière ; d'un abord facile ; l'ami des pauvres, le consolateur des affligés ; passant la moitié des nuits au pied de la croix, pour étudier la vie de son divin maître qu'il prit toujours pour modèle ; succombant, enfin, dans ses travaux apostoliques, martyr de son zèle et de son ardente foi, — tel fut le saint évêque que la voix de Dieu appela sur le siége de Périgueux pour rendre à cette église l'éclat qu'elle avait perdu. La cathédrale fut pourvue d'ornemens et de vases sacrés ; le pavé fut refait, l'autel restauré, un local approprié pour une sacristie, le chœur établi où il est encore; les deux entrées du sanctuaire, ainsi que l'espace entre les quatre piliers de la coupole de l'est et la table de communion, reçurent des portes, des grilles et une balustrade en fer, et des réparations furent faites à la toiture pour mettre tout l'édifice religieux à l'abri de l'infiltration des eaux.

Nous avons signalé les restaurations faites avec goût par son successeur. Notre cathédrale est donc en voie d'améliorations : elle a été récemment classée au nombre des monumens historiques, et nous espérons que dans quelques années elle sera un des monumens les plus remarquables de son genre.

Nous aurions pu parler de la chaire, que des détails de sculpture rendent précieuse ; dire un mot de ces vitraux coloriés qui remuent si puissamment l'âme chrétienne, et dont le jour mystérieux sied si bien au recueillement du lieu saint; décrire les cloîtres du quinzième siècle; ne pas laisser dans l'oubli les voûtes souterraines sur lesquelles s'élève la basilique, ni les nombreuses criptes que cache le pavé de l'église; mais c'eût été ajouter peu à l'admiration de l'étranger. Il lui suffisait d'avoir constaté qu'en partant de l'église actuelle il était facile de rétrograder avec elle jusqu'au milieu du second siècle, d'étudier dans les diverses modifications, altérations et révolutions qu'elle a subies, ces vicissitudes de la terre qui renversent les monumens, brisent les sceptres, détruisent les empires, compromettent l'existence des peuples, anéantissent les arts et les sciences, et de reconnaître que le temple saint survit à tout.

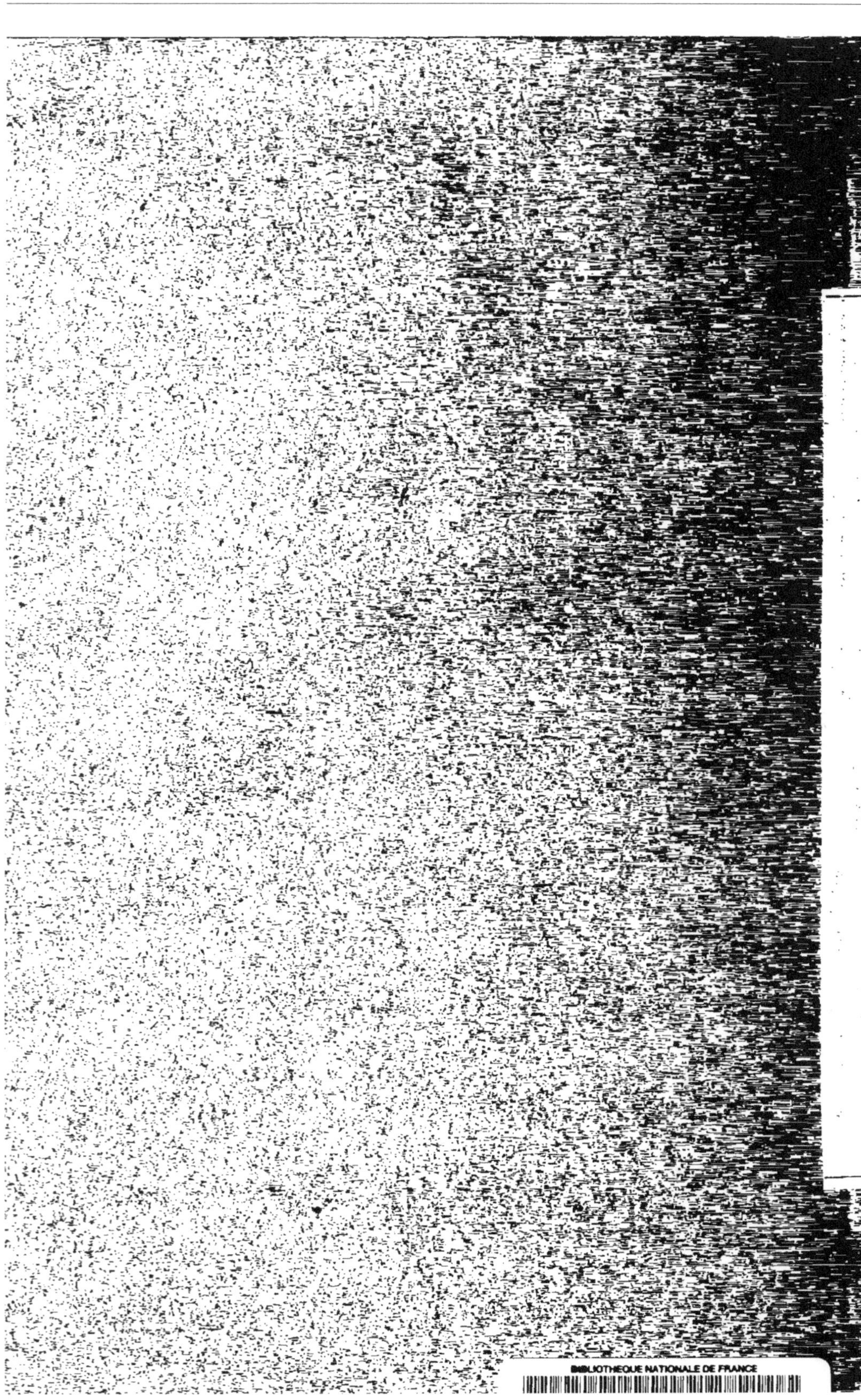

www.ingramcontent.com/pod-product-compliance
Lightning Source LLC
Chambersburg PA
CBHW061237030726
47595CB00004B/1584